コミックエッセイ

60kgやせたら人生が爆上がりしました

1年半で成功した㊙ダイエット術とは？

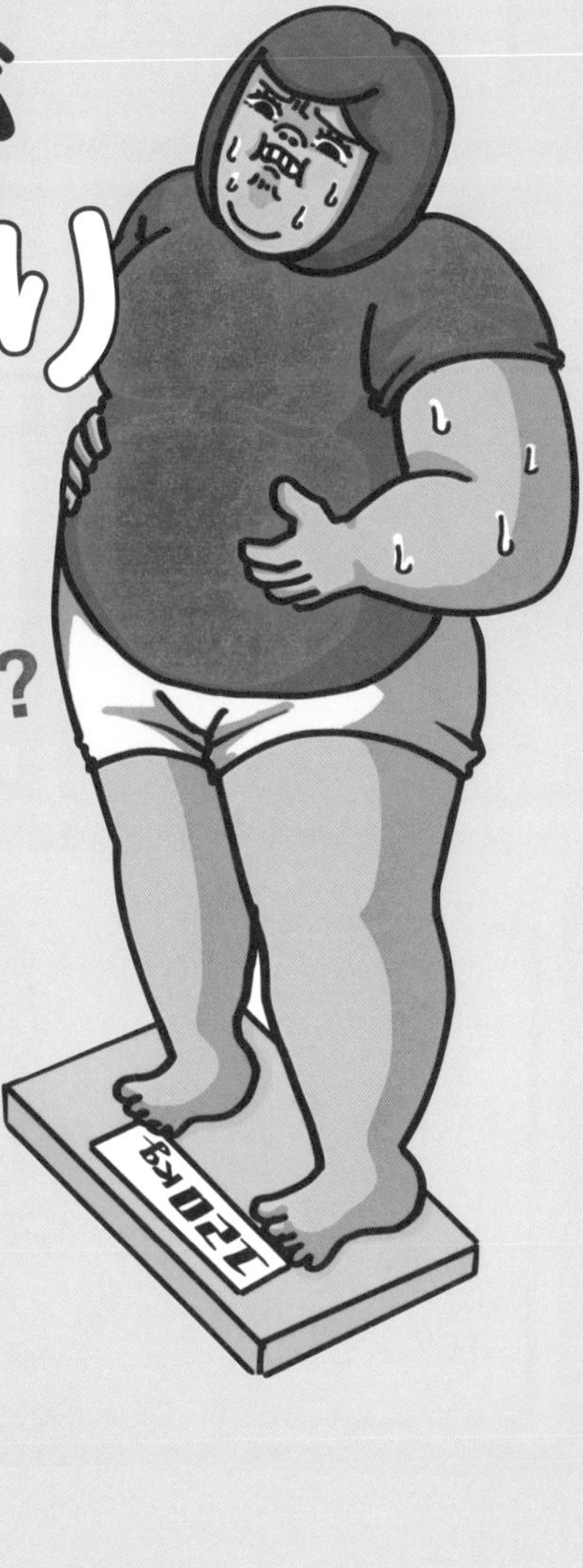

【著者】やぎゅう
【監修】日比野佐和子（医師）

FU SO SHA 扶桑社

はじめまして！ お笑い芸人のやぎゅうです

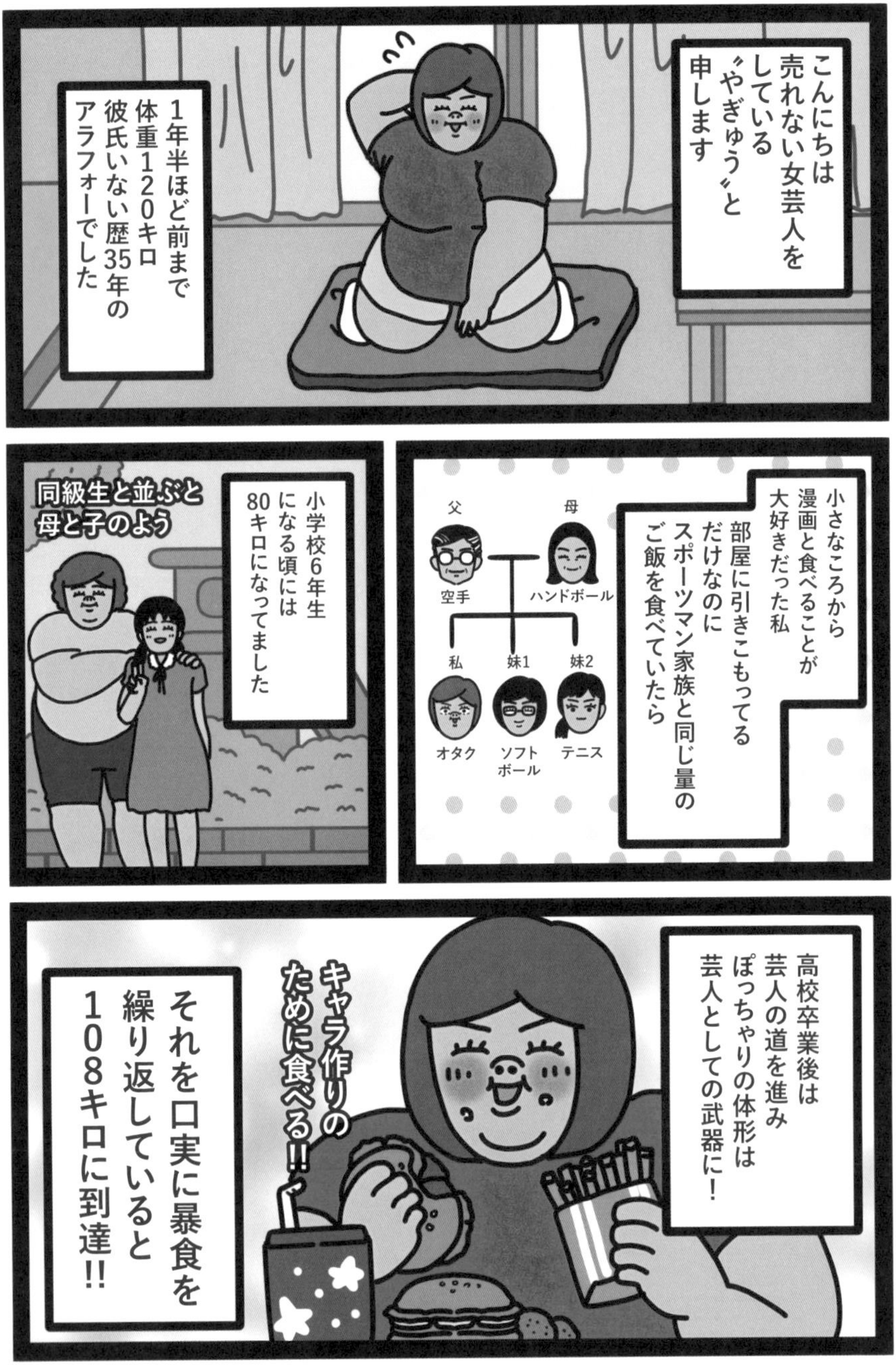

こんにちは
売れない女芸人を
している
〝やぎゅう〟と
申します
1年半ほど前まで
体重120キロ
彼氏いない歴35年の
アラフォーでした
小さなころから
漫画と食べることが
大好きだった私
部屋に引きこもってる
だけなのに
スポーツマン家族と同じ量の
ご飯を食べていたら
父
空手
母
ハンドボール
私
オタク
妹1
ソフトボール
妹2
テニス
小学校6年生
になる頃には
80キロになってました
同級生と並ぶと
母と子のよう
高校卒業後は
芸人の道を進み
ぽっちゃりの体形は
芸人としての武器に！
キャラ作りの
ために食べる!!
それを口実に暴食を
繰り返していると
108キロに到達!!

そしてコロナ禍の
外出自粛で
家に閉じこもり
食っちゃ寝の日々を
過ごしていると……
国が私に太れと
言っている
ついに120キロ
の力士級に!!
じゃがいも
ちょこ
このまま
ぽっちゃりとして生き
ぽっちゃりとして
死んでいくと
思っていた私が
なんと
1年半で
120キロから
60キロの
ダイエットに成功!!
人間、一人分
やせました!!
運動嫌いで
食べることが大好き!
そんな私が
ダイエットを決心し
どうやって体重を
半分にしたのか
ダイエット成功までの
道のりを
お伝えします!!

燃える闘志、ダイエットへの決意

ぽっちゃり芸人という
肩書に甘えまくって
暴食の日々を
送っていた上に
コロナの自粛生活が重なり
体重が過去最大の
120キロに到達した
ご試着どうぞ
いつもより
大きめのサイズの
服を買おう……
な、なんじゃこりゃーっっ！
ぴちぴちっ
競泳水着並に
肌に張り付く
伸ばされた布
ぱっぱっ
はみ出る
腹肉
締まらない
チャック
どうですかー？
お、思ってた
感じと違うんで
やめておきます
ヤバいぞ……
あのサイズが入らないと
日本で着られる服が
なくなってしまう……
bukuro

ドアが閉まります足元にご注意ください
ジリリリリィ
え……ウソでしょ……
バアアーンッ
電車にひじ掛けがついてるーっ！
最悪や！普通の体形に合わせた椅子に……120キロの体がおさまるわけがない！ひじ掛けの上に腹の肉が乗ってしまう！
よいしょ
と……となりに人が！

おじいちゃん
おじいちゃんがひじ掛けてるソレ
私の横っ腹やねん……
120キロになってからというものタクシーのシートベルトがきつすぎて息ができずに失神しかけたり寝返りうっただけで体重の重みで肩を脱臼したり……
日常生活への支障がすごい……
開けとくので、ゆっくり来て下さい
すみません

待ってくれて
ありがとうねぇ
いえいえ
うふ……
あなた
太ってるわねぇ
!!
……こ
このおばさん
正気か!?
私がお腹すいて
気が立っている状態の
ぽっちゃりさんやったら
取っ組み合いに
なってるところやで!
そんなに太って
体を壊したら
どうするの?
この物怖じしない
メンタルは
どこからきてんの!?
昔、外国の特殊部隊で
戦ってた口やろ!?
一番悲しむことに
なるのは誰だと思う?
親よ
それ刑事が
犯罪者によく言う
セリフーー!!
ぐさーーっ

頑張ってねぇ
へへへ…っ
まさか人に
親切にした結果
こんな仕打ちを
受けるなんて……
助けたツルが
恩返しに来たと
思ったら
部屋でこっそり
大麻育てだした
レベルのショックや
確かに
過去最大に太った体は
早死にコースを
爆走している……!!
ぽっちゃり芸人として
この脂肪は
美貌であって希望!!
とか言ってたけれど……
正直そんなことを
言っている場合じゃ
ないのでは？
この脂肪で死亡して
しまうんじゃ……
たっくん
こっち
こっち〜
きゃあ
!!
ドンッ

すみません
大丈夫ですか？
ほら〜
はしゃぎすぎだって
ケガしたら
どうするんだよ
いちゃ…
だって
たっくんが先に
追いかけてくるから〜
えりちゃん
反応が
おもしろいから
いちゃ
いちゃ
ねぇ知ってる
120キロの人間って
少しひざをすりむいただけで
ひざの肉
えぐれるんよ
そして今
えぐられたひざの
痛みより
みじめさで
胸が痛い
いちゃ
いちゃ
いちゃ

ぶわぁッッ
私も心配してくれる彼氏が欲しいい!!
可愛い服が着たいし
自分の体のサイズを気にせずに日常生活を送りたい
長生きして100歳の誕生日に居酒屋の「年齢の数だけ唐揚げプレゼント誕生日クーポン」を使いたい!!
バッ
ダイエットの神様いつくるの!?
今でしょ!!
こうして私は……ダイエットを決意した!!

ダイエット決意から1年半後……

こんなにスマートに！

Before

After

体脂肪率も
50%から
20%台に！

60キロやせたやぎゅう流
ダイエットの秘訣とは…？

やぎゅうのダイエットの記録

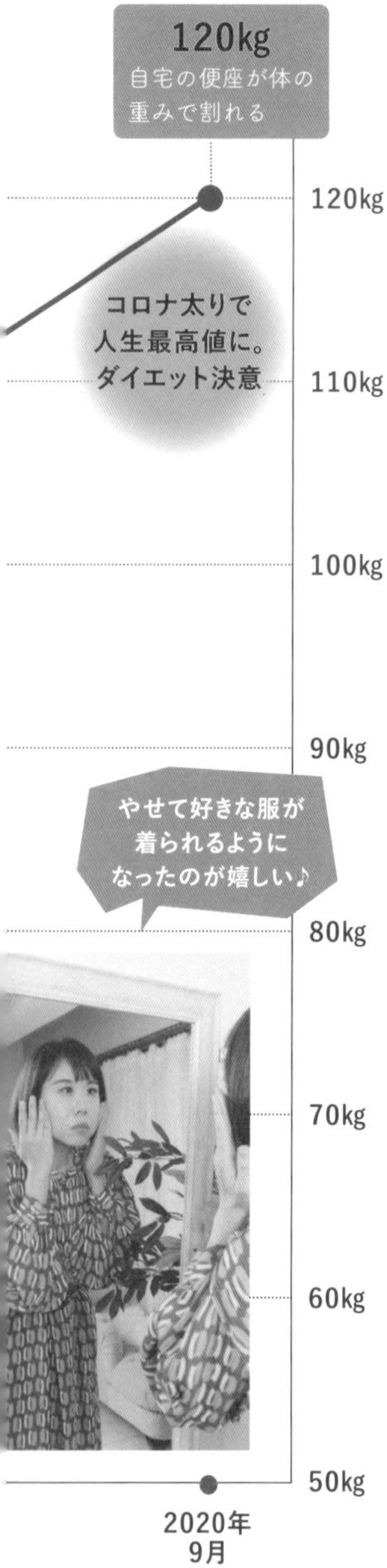
120kg
自宅の便座が体の重みで割れる
コロナ太りで人生最高値に。ダイエット決意
やせて好きな服が着られるようになったのが嬉しい♪
120kg
110kg
100kg
90kg
80kg
70kg
60kg
50kg
2020年
9月

やぎゅうのぽっちゃりヒストリー

やぎゅうさん出生（1985年）

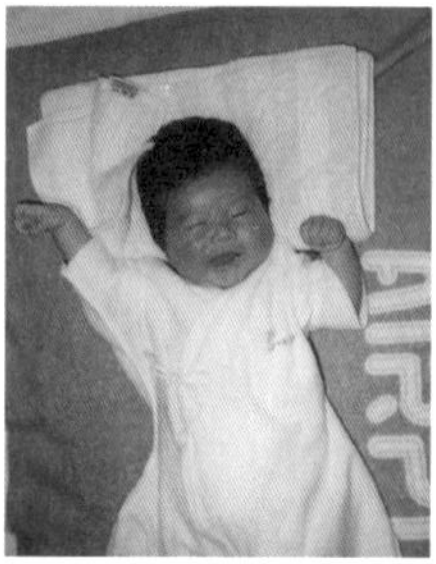

体重
約3000g

出生時の体重は、平均サイズ。幼稚園の頃まではバレエを習っていて、やや細身でした

▼

小学校6年生でぽっちゃりの仲間入り（1997年）

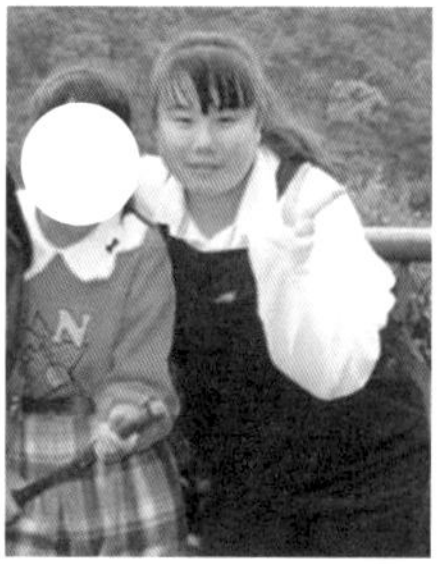

体重
80キロ

小学校入学後、ほとんど運動せずに好きなだけ食べたら、ひときわ大きな子どもに成長

▼

煩悩の数だけ太った芸人時代（2003年〜）

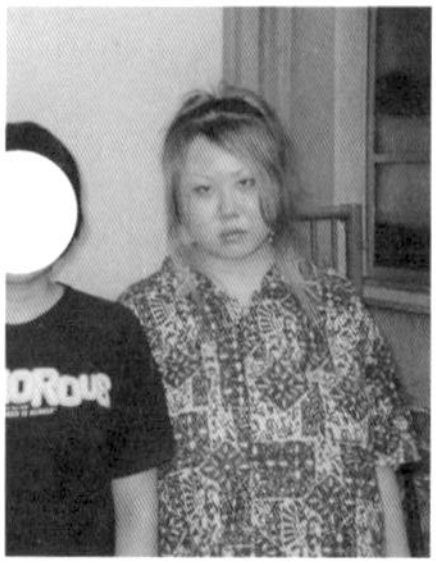

体重
108キロ

高校卒業後は、芸人の道へ。それから35歳になるまでずっとぽっちゃり維持していました

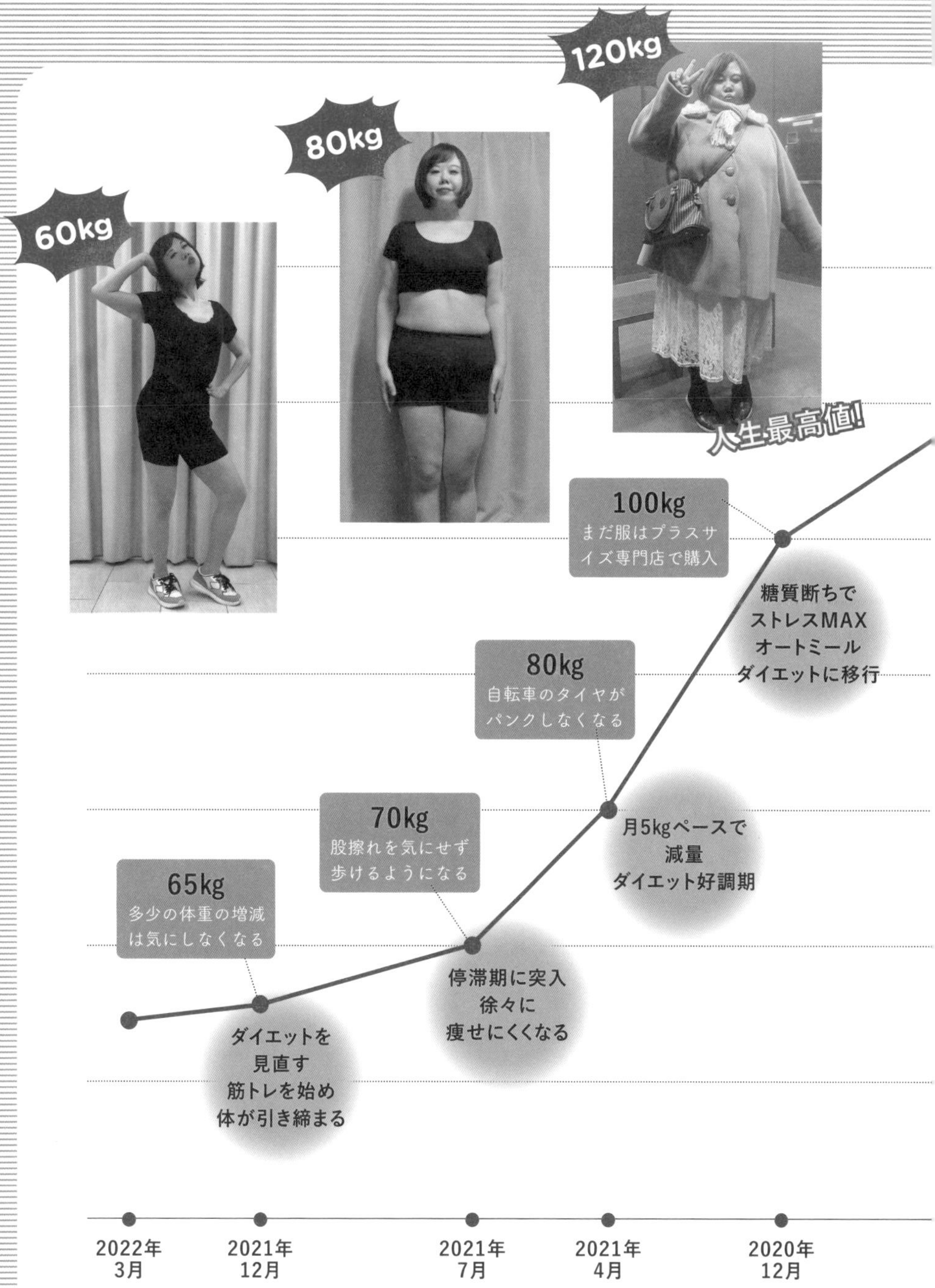
60kg
80kg
120kg
人生最高値!
100kg
まだ服はプラスサイズ専門店で購入
糖質断ちでストレスMAX
オートミールダイエットに移行
80kg
自転車のタイヤがパンクしなくなる
月5kgペースで減量
ダイエット好調期
70kg
股擦れを気にせず歩けるようになる
停滞期に突入
徐々に痩せにくくなる
65kg
多少の体重の増減は気にしなくなる
ダイエットを見直す
筋トレを始め体が引き締まる
2022年3月
2021年12月
2021年7月
2021年4月
2020年12月

〝ぽっちゃり芸人〟だった私が脂肪のベールを脱ぎ捨てたわけ

思えば、ずっとぽっちゃりの人生でした。父親は空手、母は元ハンドボールの実業団選手というスポーツ一家に生まれ、食卓にはボリューム満点のメニューが並んでいました。家族のなかで漫画やアニメが好きなインドア派は私だけ。家に引きこもり、家族と同じ量の食事を続けた結果、小学校6年の時点で体重は80キロ、高校卒業時には90キロに。芸人になって10年ほどは108キロをキープし、「煩悩の数だけ太っています!」が鉄板のネタでした。

そしてやってきたコロナ禍。芸人の仕事はすべてキャンセルになり、5畳のワンルームで食って寝て食ってを繰り返す生活の末、体重は自己最高の120キロを更新。自分でも「これはヤバい!」と危機感を抱くようになったのです。体調も常に不調でした。少し歩くと息切れするし、イビキもすごいし、いくら寝ても眠い。生理が3か月来ないこともザラでした。股擦れもするので、太ももが触れ合わないように真夏でもタイツは欠かせませんでした。

それでも、自分ではこの見た目を気に入っていたんです。柔らかいし、おもしろい、芸人になれたのもこの体形があったからこそです。

しかし、長引く自粛生活で孤独は深まり、「私もやせて恋人が欲しい！」と強く願うようになりました。「そんなに太ってたら親が悲しむわよ」とエレベーターで乗り合わせたおばあさんに言われ、傷ついたのもその頃です。また芸能界ではコンプライアンスの観点からも体形イジりはご法度に。ぽっちゃり体形が武器にならなくなり……とうとうダイエットを決心しました。

とはいえ35年間、ぽっちゃり人生を爆走していた私にとって初のダイエットでは、失敗もたくさんありました。この本は、そんな空回りや遠回りの末に行き着いた私のダイエット奮闘記です。これからダイエットしようと思っている人も、そうでない方も笑って、ときに涙して（？）手に取ってもらえたら嬉しいです。

Part
1

ぽっちゃり時代〜ダイエット空回り期

20分後
びっしょり…
がく〜
小顔に見える分
体がめちゃくちゃ
でかく見えるーーっ!!
翌日、芸人仲間に
「アダムスファミリーの
おじさんやん」と
いじられて
1週間引きこもった
ギャーーンッ
……
お腹がつっかえて
下がりません……
と下がるかどうか
試すやつや……

芸人ながら本当はコミュ障の私
美容室が苦手だったが少しでも、少しでも……美人になるために銀座のおしゃれな美容室を予約した
あっ……予約を……予約をお願いします……
あっ よ、や、く…… です……
当日
ご案内しますね
美しき人々の世界
私、場違いすぎへん?人里におりてきた熊みたいになってへん?
心が折れそうや……私の担当さんめっちゃダサい人であってくれーー!!
肉
担当させてもらいます トモです
ゴリゴリのイケメンきたーッ!

ときめきを通り越して緊張で吐きそう
首、苦しくないですか？
はっはひ！
2重あごが巻き込まれて苦しいけど恥ずかしくて言えない
あっ、本を置いておきますね
ラーメンランキング
マシマシチョモランマ
週末のお肉特集
いや3冊中2冊がメシの本て!!
ありえなくないですかぁ
ヤバいっすねぇ
ちら…
すげえ泣きましたもん
えーじゃあ観てみよー
ちら…
私の席だけ盛り上がってないのが
とても気まずい……

あー……食べるの好きだったりします？

えっ あ、は……はひ……っ
普通は「今日は休みですか？」とかからじゃないの!?

今日は何を食べてきたんですか？

卵かけご飯です……

銀座のおしゃれな美容室で卵かけご飯の話する人ほかにおる!?

じゃあシャンプーしますね顔にガーゼかぶせます
ひえ〜〜ちょっと待って！これっておおいかぶさられてキスされるときの体勢やん！

ドキドキ
私の人生でこの体勢を体験できるのって葬儀屋に布かぶせられるときくらいだと思っていたから嬉しい……

ちーん…

気持ちいい
優しい手つきにドキドキして心臓が止まりそう……！
本当に止まりそう……
鼻息でガーゼが飛ばないように息を止めてるから……
いっそのこと瓦を顔に乗せてくれ
かわかしてカットしますね
早くかわかして！

この煩悩に溺れてしまった瀬戸内寂聴みたいな姿をイケメンに見られるの地獄すぎるから……
アラサーの広いおでこ

ショートボブ小顔に見えるのでオススメですよー
ブローするときここをふわってさせてあげると小顔に見えますよ
小顔に見えるようにここ切っちゃいますね
ここの毛先もこうして整えてあげると小顔効果が増しますんでー

小顔に見せたいって
ひとことも言ってないのに
めっちゃ小顔効果を
おすすめされるって
恥ずか死〜〜っっ！
確かに顔を小さく
見せられるのなら
見せたいけれども！
先ほどからの
行き届いた気遣いが
微妙に刺さるのは
きっと私が
卑屈すぎるせい……
できましたよ
小顔に
見えるでしょう？
わあ……
本当に
小顔に見える……
小顔に見える分
体がめちゃくちゃ
デカく見えるーーっ!!
ゔおおおんっ
翌日、芸人仲間に
「アダムスファミリーの
おじさんやん」と
いじられて
1週間引きこもった

ジェットコースターでおきた悲劇

120キロあった
私にも
芸人の後輩から
婚活チャンスが
舞い込んできた
えっ!
知り合いの
役者男子二人と一緒に
ディズニーランドに
行かないかだって?
あー……
ちょっと待ってね
120キロの女が
テーマパークに
誘われたとき
確認するのは
スケジュールではなく
アトラクションに
体重制限が
あるかどうか
である
Google
ディズニーランド 体重制限
ディズニーランド 安全バー
ディズニーランド 120kg
履歴をクリア
あれは
十数年前
まだ100キロしか
なかった頃の私と
ボーイッシュな妹の2人で
大阪の某テーマパークで
ジェットコースターに
乗ろうとしていたとき……
なぁなぁ
手を離しながら
乗ろうや!
うざい

申し訳ございません
一度列から外れて…
こちらに
いらっしゃって
ください
わっ
私だけですか⁉
この特別扱い……
一体どこに
連れていかれるんや……
ドキ
ドキ
経営者がぽっちゃり好きで
私に一目惚れして
「連れてくるように」って言ってたら
どうしよう……ッ!
ここは入り口の
ロッカー……
?
えっ?
ジェットコースターの
イス……?
ギャーンッ
あ…これ…
太った人間を乗せて
安全バーが
ちゃんと下がるかどうか
試すやつや……
……
お腹がつっかえて
下がりません……

多分いけると思うので押すの手伝いますね
ぐいっ ぐいっ
す、すみませんッ
もう少しです
えいっ
えいっ
なんだ
なんだ
人が集まってきてるーッ!
ぐいっ ぐいっ
アトラクションと勘違いされているのか写真を撮られてる……
パシャッ パシャッ
やめてぇえっ
ガショ〜ンッ
下がりました!!!
良かったです! お乗りいただけます!
ちょっと恥ずかしい思いしたけど運良く先頭に乗れたし楽しもう!
えっ……っ ちょっと待って
ぐぐぐ…
安全バーが下がらない……っ!?

ふんっ ふんっ
うそやろ……順番待ちしてた1時間空気しか胃に入れてないのに……っ！
ぐいっ ぐいっ
下がりませんか!? 手伝います！
ダッ
ぐいっ ぐいっ
あ……あの……私、降ります……
大丈夫ですよ！
あきらめないで！ 下がるはずです！
ぐいっ ぐいっ ぐいっ
めっちゃいい人やけど……その優しさが私を追い込むんや……
ほら見て妹のドン引き顔……
ぐいっ ぐいっ ぐいっ
おじいちゃんのお葬式で家のワンコがお経を読むお坊さんに腰を振ったときと同じ顔してる

ガッショーンッ
あっ！
下がりました！
良かったですー！
パチ
パチ
わっ
パチ
パチ
わーーっ!!
アトラクションと
勘違いしたのか
周りの人たちも
いっせいに拍手をし
祝われながら
出発した
ジェットコースター
パチ
パチ
パチ
パチ
パチ
パチ
パチ
恥ずかしさで
失神しそうだった
あの日のトラウマから
テーマパークに行く
勇気が出せない……
あー……
ごめん……
やっぱり
やめておくわぁ
日本人の平均体重
130キロとかに
なってくれ!! 頼む！

ダイエットを始めたけれど

脂の上にあぐらをかいていた生活とはおさらばしてダイエットに本腰入れるぞ!!
生まれ変わるぞ!!

しかしダイエットの右も左も分からないまま色々な方法を試したもののなかなか効果はでず
青色のレンズの眼鏡で食欲をなくす…か
食欲はその程度じゃなくなんねぇ…

むしろやせようとしているのに気がついたら太っていたりした
何コレ!? 新手のマジック!?

医学博士に聞く ダイエットが空回りした根本的な理由とは？

ここからは、やぎゅうと、医学博士の日比野佐和子先生のトークタイム！ やぎゅうがやせなかったのは、一体なぜ？ ダイエットの疑問を深掘り！

日比野佐和子先生

医療法人社団康梓会Y's サイエンスクリニック広尾統括院長。医学博士。アンチエイジング専門家として活躍。自身も－15kgの減量に成功し、ダイエットにも造詣が深い

やぎゅうさんは、テレビ番組の出演をきっかけにダイエットを決意されたそうですね。ダイエットを始めたばかりのころは、思うように成果が出ない時期があったとか。

そうなんです。最初は「とりあえずお米を抜けばいいんでしょ！」とお米断ちをしました。自己流の糖質制限です。その代わり、豆腐やこんにゃくをたくさん食べて「カサ増し」を狙っていましたね。けどすぐにお腹が空いちゃうし、体重もさほど落ちない。ストレスも溜まってイライラしっぱなしで、おまけに体調も良くなかったですね。

結論から言えば、過度な糖質制限は危険です。かく言う私も過去に過度な糖質制限にチャレンジして半年で15キロ減量したことがあるんです。けれどある朝、目覚めたら体の右半身がまったく動かなくなってしまって。ちょうど今のやぎゅうさんと同年代、36歳のときの出来事です。

ええっ！一体何があったんですか!?

幸いにもしばらく休んでいたら動けるようになったのですが、病院で調べたら脳梗塞の一歩手前の状態「一過性脳虚血発作」と診断されました。脳細胞のエネルギー源は

糖質です。しかし糖質制限ダイエットでたんぱく質や油分を摂りすぎることで脂肪飽和になり、一時的に脳の微小血管が詰まったことが原因だったようです。これを繰り返すと、脳梗塞の起因になると言われています。

の、脳梗塞、命に関わるじゃないですか！

さらに過度な糖質制限ダイエットでは、糖質を減らす代わりにお肉やバター、卵、豆腐などといった脂肪やたんぱく質を過剰摂取しやすくなります。結果的に血液中の脂質が増えすぎたり、腎臓への負担が高まることもあるんです。

体の中にまで影響が及ぶんですね！　確かに、私も糖質を断っていたときは、肌荒れがひどかったり、疲れやすかったりと体調に結構波がありました。

それは大変でしたね……。特に女性に関していえば、セロトニンという幸せホルモン

が分泌されるのでダイエットにも適度な糖質は必要です。またアンチエイジングの観点からも、過度な糖質制限はおすすめしません。体内が低血糖状態になってホルモンバランスや自律神経系も乱れ、イライラしたり、ふさぎ込んでウツのような症状になるなど、弊害が出てくる危険性もあるんです。

私がイライラしていたのも、ひょっとしたら関係があるのかも。

はい、そこでイライラして、ネガティブ思考でダイエットをするとストレスホルモン「コルチゾール」が増え、逆に代謝が悪くなってやせづらくなる悪循環に陥ってしまうんです。

コンニャクなんかを食べまくってカロリーダウンを図っていたんですけど、そうやって負のスパイラルに陥ってたってわけですか。辛い……。

そうですね。さらに、カロリーを過度に制限すると体が「飢餓状態にある」と判断して、少しでも多くのエネルギーを蓄えようとする。そうすると脂肪を燃焼するホルモン「レプチン」の分泌が抑制されて、省エネルギー状態に陥ってしまうんです。カロリーを制限すればするほど代謝が落ちて、かえって脂肪を溜め込みやせにくい体になってしまうんです。

ツラいのにやせないって、いいことないですね（涙）。

摂取カロリーが消費カロリーを上回らないようコントロールするのは、ダイエットの原則です。しかし、より気を配るべきなのは代謝をうまく回すためのビタミンやミネラルなど必要な栄養素を摂ることですね。無理な食事制限で減量すると、やめた途端に急激なリバウンドに見舞われてしまうんです。

つらい糖質とカロリー制限をしているなかの唯一の楽しみが、2週間に一度の「チー

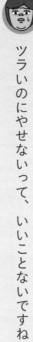

トデー」でした。普段はしっかり食事管理をして、チートデーのときには好きなものをどれだけ食べてもよいというルールです。

確かにダイエット期間中にも適度に好きなものを食べて、一時的に省エネモードを解除すると、代謝量が上がって体重が減りやすくなると言われていますね。ストレスの発散にもなりますが、アスリートのようにハードな減量をしていない限りは、暴飲暴食は避けたほうがいいでしょう。

あっ私、チートデーにありえないほど食べてました。肉寿司100貫、ケンタッキー16本、ケーキやアイスの食べ放題、米3合も余裕でした。

フードファイター並みですね（笑）。これはダイエット経験者としても言えることですが、無理な我慢の反動で暴飲暴食をしてしまうことがリバウンドの元凶です。もしもどうしても甘いものを食べたくなったら、少量を一口だけ食べる。そうすると脳も

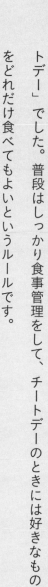

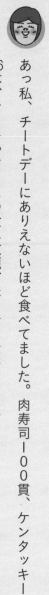

満足して落ち着くんです。また保存用パックにその日に食べる分を小分けにして、「ちょこちょこ食べ」にするのも手です。

頑張って筋トレも始めたのですが、これもツラかった割に成果が出ませんでした。

筋肉量を増やして基礎代謝を上げるのは重要ですが、自己流の筋トレは要注意です。特に体重過多の人の場合は、筋肉のどの部位を動かすか、医学的な知識をもとに意識してトレーニングしないと、間違ったフォームでヒザを痛めたりして、体を動かせなくなるリスクも。運動には、有酸素運動と無酸素運動の2つのタイプがあります。有酸素運動は、酸素を消費して脂肪や糖質を燃焼させ、それをエネルギー源とする運動のこと。ウォーキング、ジョギング、水泳や自転車、エアロビクス、なわとびなどですね。

筋トレは有酸素運動ではないんですか？

筋トレは、短い時間に行う強度の高い無酸素運動です。かつてのやぎゅうさんのように100キロオーバーの方は、いきなり筋トレをするのではなく、まずは脂肪を落として動きやすいボディになることが先決ですね。そこからさらに自分のボディのどの部分を落とすべきか、課題が見えてくるはずです。

まずは「脂肪のベール」を脱いだ先に見えてくるものがあるわけですね。

その通り。ダイエット初期の段階では、自己流の筋トレやたんぱく質の過剰摂取は避けたほうが無難ですね。

これも思わぬ落とし穴でした。筋トレも有酸素運動もやみくもにやるだけじゃダメだし、かえって体調が悪くなった理由もよくわかりました。

NG
ポイント1

過度な糖質制限

主食は糖質ゼロの食材
肌荒れ&体調不良に

米を封印!
糖質断ちでストレスMAX

ダイエット初期は糖質を完全にカットして、主食をコンニャクに置き替えることも。結局、空腹とストレスで長続きせず、肌も荒れてしまいました。

日比野先生
解説

正解は……

適度な糖質は必要

完全に糖質を制限すると、低血糖状態が続きホルモンバランスや自律神経の乱れにつながる恐れも。糖質制限をやめたときのリバウンドにも注意。

自己流の筋トレ

プロテインをがぶ飲み タンパク質の過剰摂取に

自己流スクワットで ヒザが崩壊！

ネットで得たにわか知識で、30キロのダンベルを両手に持ってスクワットをしてヒザが崩壊。ジュース代わりのプロテインも効果を感じませんでした。

正解は……

日比野先生解説

ダイエット初期は有酸素運動がおすすめ

ダイエット初期、特に体脂肪率が高い人はウォーキングなどの有酸素運動で脂肪を落とすところから。自己流の筋トレはケガの原因にもなります。

NGポイント3

ご褒美デーで暴飲暴食

スイーツビュッフェで爆食い
糖質制限の努力が無に…

ひとりフードファイトで
リバウンドしてしまう

ご褒美デー（チートデー）で暴飲暴食。その後、頑張ってリバウンド分を減量しても、すぐにまたご褒美デーで爆食いして太る……という悪循環でした。

日比野先生
解説

正解は……

ご褒美は小分けにすべし！

ご褒美は小分けにしたほうがダイエットも長続きします。私はハーゲンダッツのミニカップや、子ども用のおやつの小袋をプチご褒美にしていました。

まだまだあった!
やぎゅうが挫折したダイエット

体にもメンタルにも
大きな負担を感じたら
やり方を見直すサイン!
自分にあった方法を模索しよう

1 〇〇だけダイエットで不調に

コンニャクだけ、りんごだけ、ゆで卵だけと1つの食材しか食べないダイエットで体調不良に。1週間も持ちませんでした。

2 半身浴でひとり我慢大会

ぬるめのお湯で2時間半身浴をしたら、毎回のぼせてフラフラ。半身浴ダイエットでやせるかどうかは、体質によるかも…。

3 ワンサイズ小さな服を着る

小さな服を着ると、服に合わせてやせようとダイエットのモチベがあがると聞き実践。そんなことはなく、服が伸びただけでした。

4 屋外ウォーキング

真夏は熱中症、夜道は怖くて断念。120キロあったころは通行人の視線も気になったので、私はジムが合っていました。

ウォーキング中に起きた大惨事

あの服ヤバい
モンスターボールじゃん
くるっ
たっ
たっ
バンッ
絶対……絶対にいい男をゲットしてやるぅぅ!!
うえっ…
ゔう…っっ
ひぐっ…
ゔぉおーんっ
小学生にからかわれて涙にくれる35の夏
ウォーキング15メートルで断念!!

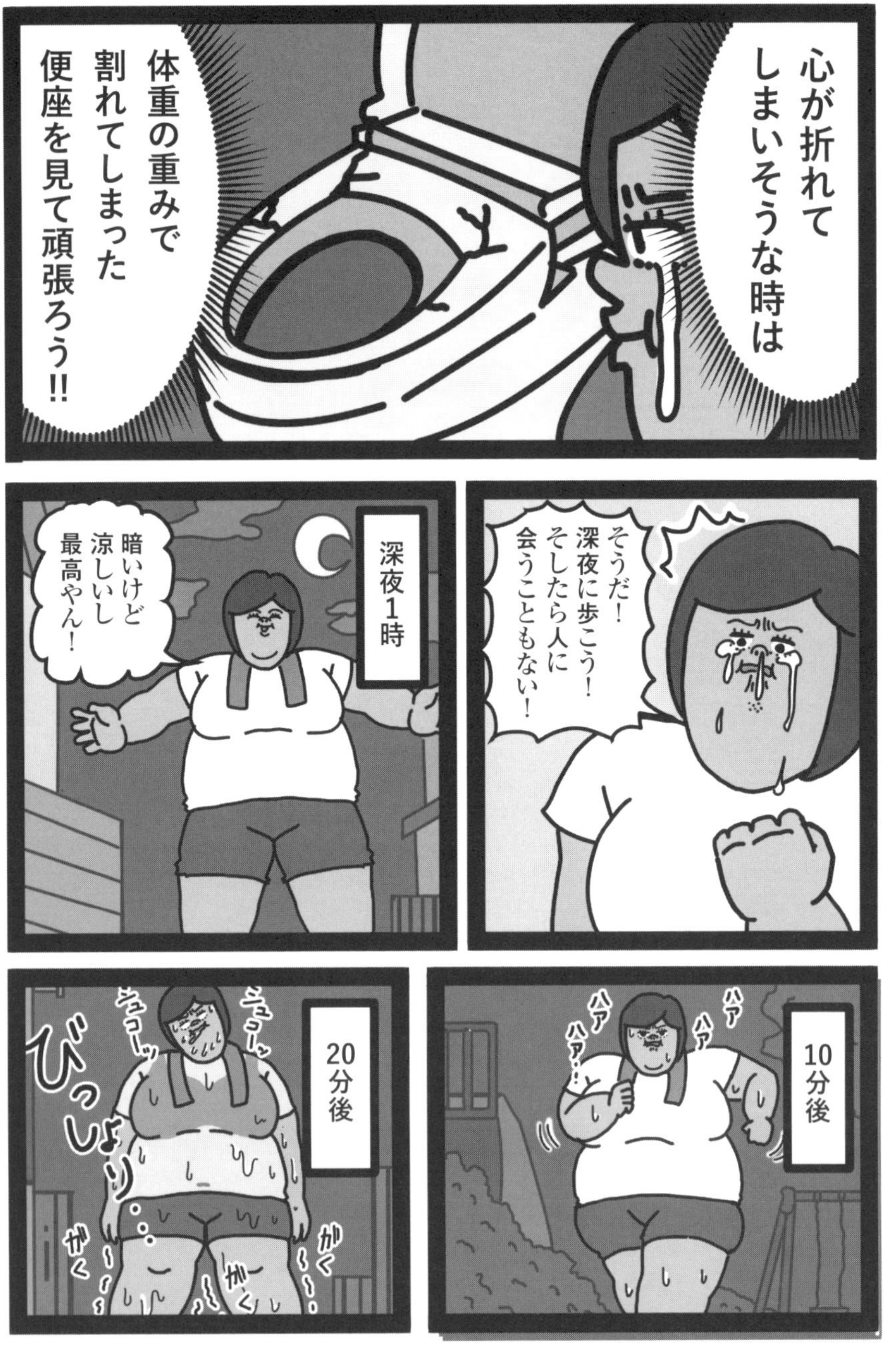
心が折れて
しまいそうな時は
体重の重みで
割れてしまった
便座を見て頑張ろう!!
そうだ!
深夜に歩こう!
そしたら人に
会うこともない!
深夜1時
暗いけど
涼しいし
最高やん!
10分後
ハア
ハア
ハア…!
20分後
ヒューコーッ
ヒューコーッ
びっしょり
がく
がく
がく

シュコーーッ
シュコーーッ
ウソでしょ……
ただ歩いているだけで
こんなことなる？
シュコーーッ
シュコーーッ
コロナで外出自粛
していた3か月
ワンルーム5畳の
部屋で
トイレと冷蔵庫と
ベッドの往復しか
してなかったせいで
体が悲鳴どころか
断末魔の叫びを上げてる
くきっ
あ

びたーん!!
ゔお゙ん゙っ
……
……ねえ 何が起こったの？
転んで
よそ様の家の柵を ぶち破って しまったってこと？
お……
起きなきゃ
ガサッ

わんッ
わんッ
わんッ
わんっっ
わんっっ
わんっっ
やめてっ！
しーっ
しーッ
わんわんわんっっ
泣きたいのはコッチや！
うるさい！
夜だぞ！
ガラッ
ソレ見たことかー！
……へへっ
お、お邪魔してます
ぐすっ
け、警察っ
壊した柵は
新しいものと替える
ところだったようで
弁償せずにすみました
私はもう二度と
ウォーキングなんて
しないと思いました
（後に習慣になるのだけど）

Part 2

オートミールでやせる！ ダイエット黄金期

じゃ～ん！
小麦粉のかわりにオートミールを入れて作ってみましたー！

お茶碗一杯分のカロリーがお米の半分以下だし食物繊維豊富だし安く買えるし
水分を吸ってお腹の中で膨らむので
がとてもいい！
米茶碗1杯
約240キロカロリー
オートミール30g
約105カロリー

オートミールすごい！なんでも作れちゃう！
そのうち半導体とかもオートミールで作れるんじゃ？って思うレベル！
めっちゃ脳ゆれる～♥
にこっ

10か月で50キロ減の
ダイエットを
成功させるには
ヒドい食生活を
見直さなければ
いけなかった
ぐるるるるぅっ
ぎゅるるるっ
食欲無限の私に
食事制限は
運動よりもつらかった
昔は炊飯器の
内釜を抱えながら
しゃもじで
ご飯をかきこむ
のがトレンド♥
お米、命！
お米を断つために
キャリーケースに
封印することに
しく
しく
寝ぼけて食べちゃう
可能性があるから
しっかり巻かなきゃ
次に食欲を
なくす方法を
妹に相談する
映画の『火《ほ》垂《た》る
の墓』とか
見たらどう？
妹

悲しい映画を見ても
ぐすん…
うゔ… 節子… 清太…
悲しすぎる… 戦争… アカン… 辛い……
ひっく ひっく
ぐすん
食欲は減らず ご飯は 全然食べられる
むしゃあッ
むしろ作中に出ていた おこげご飯が 食べたくなって ラスト前から鍋で米を 炊いてしまった
おこげ うま～♥
恐るべし ジブリ飯の 誘惑！
米

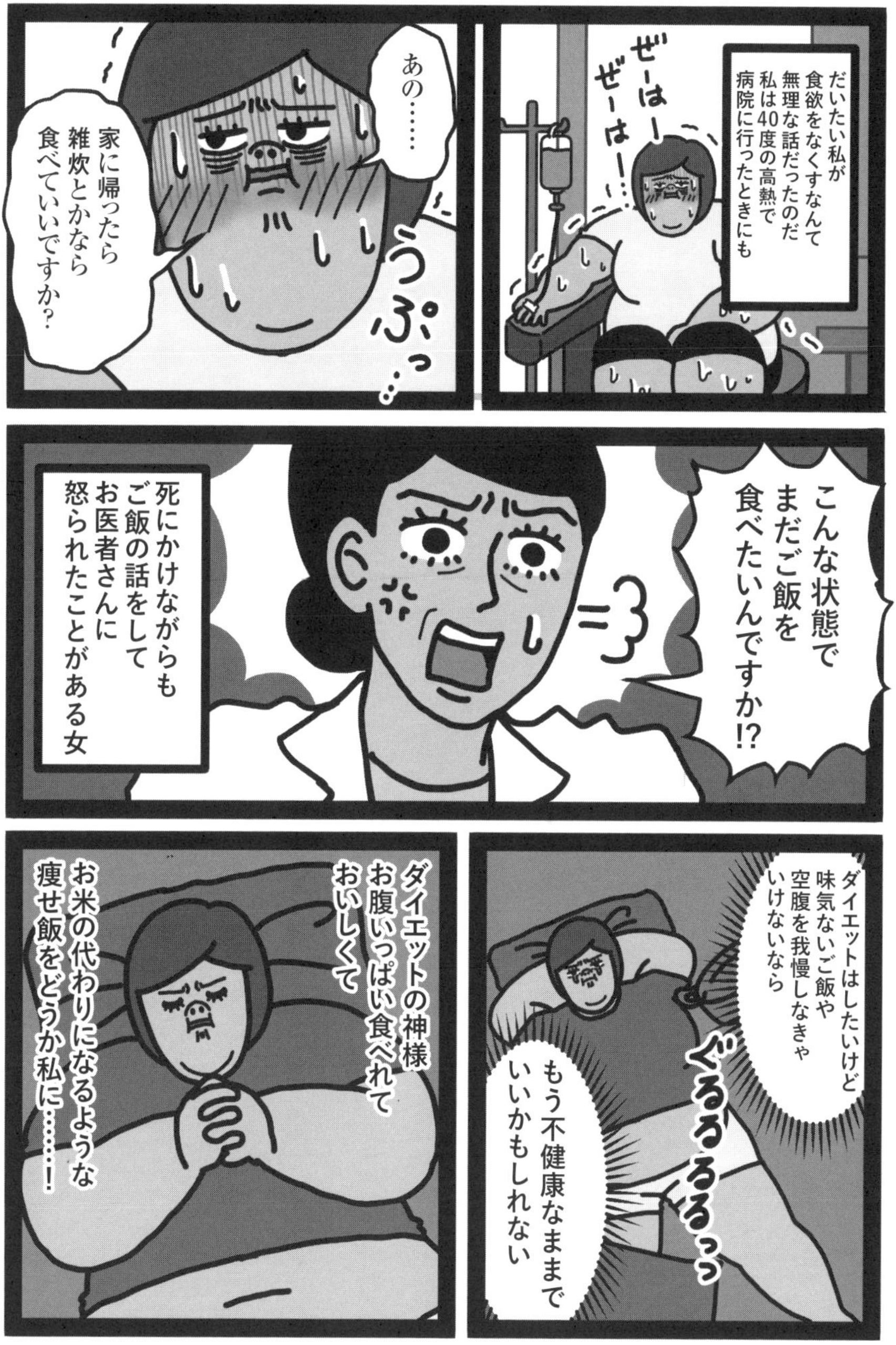
だいたい私が
食欲をなくすなんて
無理な話だったのだ
私は40度の高熱で
病院に行ったときにも
ぜーはー
ぜーはー…
あの……
家に帰ったら
雑炊とかなら
食べていいですか？
うぷっ…
こんな状態で
まだご飯を
食べたいんですか!?
死にかけながらも
ご飯の話をして
お医者さんに
怒られたことがある女
ダイエットはしたいけど
味気ないご飯や
空腹を我慢しなきゃ
いけないなら
ぐるるるるるっ
もう不健康なままで
いいかもしれない
ダイエットの神様
お腹いっぱい食べれて
おいしくて
お米の代わりになるような
痩せ飯をどうか私に……！

そんな私が出合えた運命の痩せ飯は
オートミール！
食べる前
オートミール雑炊ぃ？米と変わらないとかって言われてるけど飢えたダイエッターたちの集団幻覚やろ？
ああん？
即堕ち
お米や～♥めっちゃおいし～♥
好き～～♥
お茶碗一杯分のカロリーがお米の半分以下だし食物繊維豊富だし安く買えるし
水分を吸ってお腹の中で膨らむので腹持ちがとてもいい！
米茶碗1杯
約240キロカロリー
オートミール30g
約105カロリー
おいしくお腹いっぱい食べることができるオートミールは私のダイエットの歴史を変えたパワーアイテム!!
オートミール
オートミール

60kgやせた!!

やぎゅうの オートミールおきかえ 食生活

やぎゅうさんのとある1日

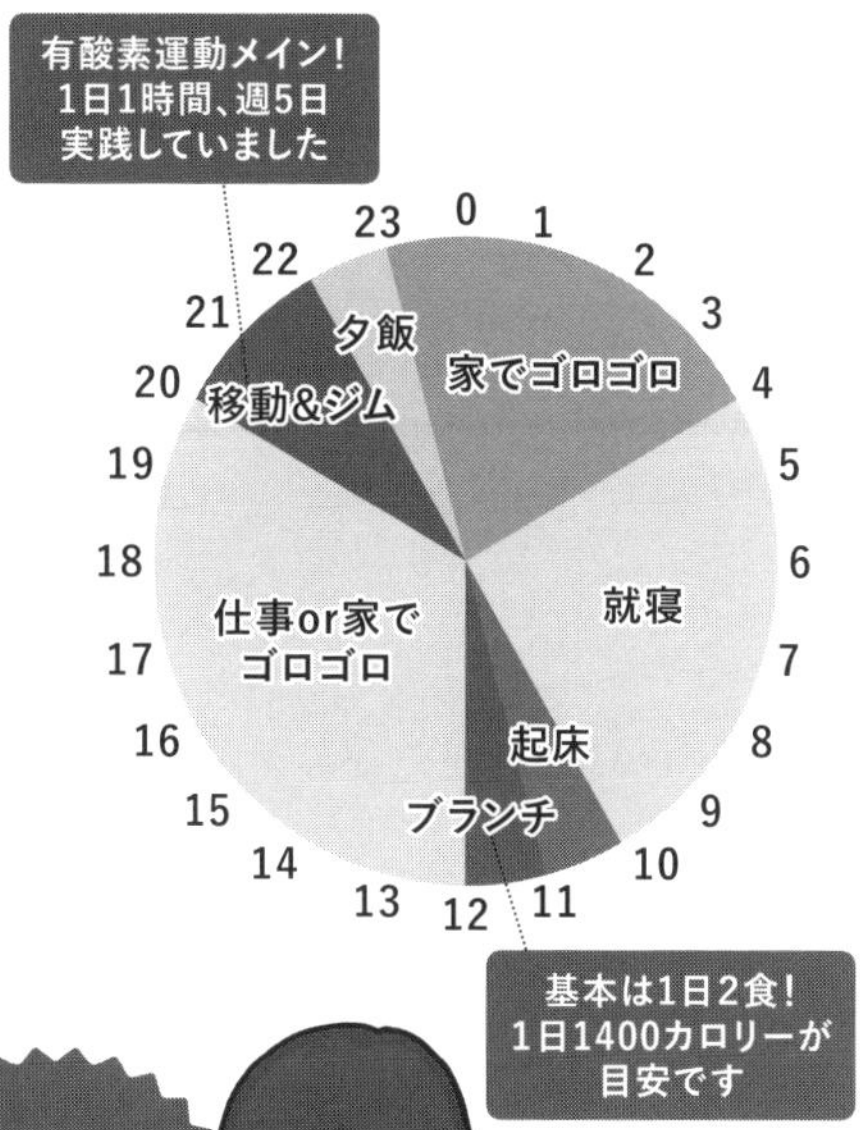
有酸素運動メイン!
1日1時間、週5日
実践していました
0
1
2
3
4
5
6
7
8
9
10
11
12
13
14
15
16
17
18
19
20
21
22
23
家でゴロゴロ
就寝
起床
ブランチ
仕事or家で
ゴロゴロ
移動&ジム
夕飯
基本は1日2食!
1日1400カロリーが
目安です

やぎゅうさんの食事ルーティン

ブランチ

オートミール雑炊
(オートミール30g、野菜一束、ツナ、しめじ、卵)

ブランチは主食をオートミールにおきかえました。オートミール雑炊を基本に、気分を変えたいときはオートミール炒飯などアレンジ料理も。

夕ごはん

野菜炒め・キムチ・納豆・鶏むね肉(or刺身)

夕ごはんは主食は抜いて、納豆やキムチなどの発酵食品、野菜炒め、鶏むね肉などタンパク質がメインです。

食事や運動の詳細はP62〜へ!

オートミール生活では、10時前に起床し、食事は起き抜けのブランチと22時の夕ごはんの2食。加えて週5日ジムで運動していました。ほとんど家でゴロゴロして、朝方眠りにつくという不規則な生活です。でも、こんな生活の私でも1か月5キロペースでやせたと聞くと、なんだかやる気がわいてきませんか?(笑)。ダイエット成功後は自然と朝方の生活になり、今では5時半起きです。

主食にしてもOK
1日1食オートミール
置きかえでやせたワケ

オートミールがダイエットによいとされる理由って……?
ダイエットに必要な栄養素と食生活の注意点を日比野先生が解説します。

自己流の糖質制限と間違った筋トレ、チートデーにはドカ食いで自己嫌悪に陥ったり……初めてのダイエットは空回りばかりでした。そんなとき一気に風穴を開けてくれた「運命のやせ飯」が、オートミールでした。

オートミールはオーツ麦という穀物を加工した食品ですね。たまに「味が苦手」という人もいますが、やぎゅうさんは問題なかったですか？

私はオートミール、大好きです！　おいしいし、腹持ちもいい。しかもお財布にも優しい！　一日1回のオートミール食を取り入れることで、20年9月には史上最高の120kgだった体重が21年7月には70キロに。平均すると1か月5キロのペースで減量していきました。

10か月で50kgもの減量とはすごい！　オートミールは、食物繊維やミネラルが豊富で血糖値のコントロールにも最適なんです。血糖値は、食事から糖分を摂取すると上がりますが、この値を下げるためにすい臓からインスリンというホルモンが分泌されます。しかし血糖値が急激に上がると、それを下げようとインスリンも大量に分泌されますが、過剰に分泌されたインスリンが糖を脂肪として溜め込んでしまうのです。

急に上がった血糖値を急いで下げようと、インスリンがドバッと出てしまうのか。過度な糖質制限はNGだけど、糖質に偏りすぎて食物繊維が不足するとやっぱりダイエットにはよくないんですね。

はい。その点、オートミールは食物繊維が豊富なので糖質の吸収も穏やか、つまり血糖値をゆるやかに上げてくれるんです。オートミールには糖質も含まれていますが、1食（30グラム）あたりの糖質量は白ご飯の1／3程度。カロリーも白米一人前（100グラム）あたりの半分ほどですね。過度な糖質制限はおすすめできませんが、オートミールで適度に糖質を取り入れつつ、血糖値コントロールをするのは健康にもダイエットにも有効です。

オートミールメインの食事法は理にかなってたんですね。オートミールにほうれん草や小松菜など青野菜やキノコ類を入れた雑炊が徐々に定番になっていきました。夜ご飯には野菜炒めや刺し身、鶏胸肉、キムチ、納豆も取り入れて食生活全体を見直して

いきました。

小松菜などに含まれるβ-カロテンは抗酸化作用も期待できますし、納豆やキムチなどの発酵食品は、乳酸菌が多く腸内環境を整えてくれます。

腸内環境ってよく聞きますが、ダイエットにも関係あるんですか？

腸は「第二の脳」という言葉もあるほど、腸と脳って密接に繋がっているんです。よく緊張してお腹が痛くなることってありますよね？　腸からは、脳内ホルモンであるセロトニンという「幸せホルモン」が95％も分泌されています。腸内環境を整え、セロトニンがうまく分泌されることで、ストレスが緩和され、食欲も正常に保って食べすぎも防げます。セロトニンは、甘いものを食べる時も分泌されます。

自己流の筋トレはなかなか成果も出なかったので、いったんお休みにして、ジムに入

会をして有酸素運動をスタートさせました。ストレッチ20分、ウォーキング20分、エアロバイク20分を週5でなんとか継続しました。芸人の生活って不規則なので、行けるときは午前中に行ったり、仕事が遅くなったときは深夜に行ったりしていましたね。

精神的に辛くなったことはなかったですか？

「今日は雨が降っているし、面倒だな〜」と思うこともありましたが、「これで行かなかったら自分に負けてしまう！」という思いも強かったですね。ジムだと動画を見ながら、ウォーキングやエアロバイクができるじゃないですか。そこで「好きなドラマはジムでしか見られない」というマイルールを作って、有酸素運動をしながらNetflixでお気に入りのドラマを見ていましたね。

運動したくなるモチベーションづくりも大切ですよね。

はい、有酸素運動を続けていくうちに「昨日できなかったことが今日できている」ということが増えていって、それ自体がモチベーションになっていったのも大きいですね。

ダイエットの成功体験を積み重ねていくことでメンタルが前向きになると、先述した幸せホルモンのセロトニンが分泌されるんです。ちなみにこのセロトニン、幸せを感じるときに分泌されるので好きな人と一緒にいたり、スキンシップを取ることでも分泌されるんですよ。

「恋をしてキレイになる」は、本当だったんですね。いい出会い、見つけるぞ！

オートミールで 適度に糖質を摂取

オートミールとは?

オートミールとは、イネ科の穀物である燕麦を加工した食品のこと。鉄分やタンパク質が豊富で、ヨーロッパなどでは古くから栄養豊富な主食として親しまれてきました。食物繊維が豊富に含まれているため、血糖値の急上昇を抑えつつ、適度に糖質を摂ることができます。また、1食分のエネルギーが白米(茶わん一杯)だと約240kcalなのに対し、オートミール(茶碗一杯)は105kcalと低カロリー。ヘルシーな食材として、近年はダイエット食としても注目を集めています。

オートミールと白米の成分比較(1食あたり)

成分	オートミール	白米
エネルギー	105kcal	240kcal
たんぱく質	4.11g	3.9g
脂質	1.71g	0.5g
炭水化物	20.7g	57.1g
食物繊維	2.82g	0.5g
鉄分	1.17g	0.2g

※参考文献/文部科学省 食品成分表2020(8訂)

オートミールの種類

燕麦（オーツ麦）

オートミールを加工する前の状態。脱穀されていないので、調理に手間がかかる。

ロールドオーツ

燕麦を蒸した後、薄く伸ばして乾燥させたもの。粒のもちもちとした食感が残っているので、食べごたえがある。

ごはん代わりになる！
お米と同じ用に
調理してOK

インスタントオーツ

ロールドオーツを調理した後に乾燥させたもの。すでに味がついているものもあり、牛乳をかけるだけで美味しく食べられるので初心者にもおすすめ。

クイックオーツ

ロールドオーツを細かくしたもの。煮込み時間は2分ほどで、とろりとした食感に仕上がる。雑炊やリゾット、小麦粉の代わりに使うのも◎。

オートミールは腹持ちが抜群！ 普段は1食あたり30グラムのオートミールを食べていますが、大食いの私でもかなり満腹になります。お米のような食感の「ロールドオーツ」と、粉ものの代わりになる「クイックオーツ」を、料理によって使い分けてもよし。私の場合、週に1回は外食先でお米やパンを食べるなど、適度にガス抜きしつつ食事管理を継続しています。

野菜たっぷり雑炊がやせを促進

超満腹大満足! オートミール雑炊

作り方

1 水500mlを沸騰させ、味の素とAをすべて投入
2 材料に火が通ったら溶き卵を入れる

※お好みで中華調味料を加えても◎

材料

A
- オートミール…………30g
- ツナ缶ライト………… 1缶
- きのこ類…………1袋
- 小松菜…………1袋

味の素…………小さじ2分の1
卵…………1個

ダイエット効果をUPさせる雑炊の材料

卵

ダイエットの栄養不足を避けるためにも、「完全栄養食」といわれる卵はマスト。雑炊の味を整えてくれて、お財布に優しいのも◎

小松菜

食物繊維たっぷりで、糖質が少ない小松菜はダイエットの強い味方。ビタミンCが脂肪の燃焼を助けてくれる。ほうれん草でもOK

オートミール

ご飯1杯分とくらべると、約6倍の食物繊維！ 水分を吸うと膨張して量が増えるため、人によっては30グラム未満でも満足できます

ツナ缶ライト

ツナ缶のライトタイプでタンパク質をプラス。ガッツリ感が増すので、雑炊でも「物足りなさ」がなくなります。コンビーフでも可

きのこ類

きのこ類も食物繊維が豊富で低カロリー。美味しいお出汁がしみ出て、雑炊が濃い味付けになりにくいのも嬉しいポイントです

せっかく主食をオートミールにして糖質を控えても、他の材料が糖質たっぷりだったら、バランスが悪くなってしまいます。オートミール以外の具材では「食物繊維・ビタミン類（葉野菜&きのこ類）」「たんぱく質（卵・ツナ缶）」をしっかりとれるように意識しました。雑炊にするとかさ増しされて大容量になりますが、脂質も少なく低カロリーです。ただし、容量が増えると、その分調味料の量も増えてしまいがちなので、塩分の摂りすぎには注意しましょう。具材は季節の野菜を追加するなどして、食事を楽しむことも大事！

適度な有酸素運動で脂肪燃焼

ストレッチ
20分
エアロバイク
20分
ウォーキング
20分
計60分
週5日実践

呼吸を意識した
ゆったりとした
ストレッチを
実践していました！

体脂肪率50％超えだった私は、筋トレで筋肉をつけるより先に、有酸素運動で脂肪を落とすことに専念。週5日、ジムでエアロバイク、ウォーキング、ストレッチをそれぞれ20分ほどかけて取り組んでいました。どれもスローモーションなみのゆっくりとした速度でOK。継続することが大切です。やる場所はどこでも大丈夫ですが、私は周囲の環境に影響されやすいので、みんなが運動しているジムに行くほうが、モチベーションが上がりました。

効果あり！ ダイエット継続の工夫

ダイエットに辛さを求めるのは×。
楽しく継続するために私が
工夫していたことをお伝えします！

1 ジムで視聴する用の動画を決めておく

ジムでスマホ動画を観ながらウォーキング。「このドラマはジム以外で見ない」と決め、動画の続きを見るためにジムに行くことも。

2 オートミール料理のレパートリーを増やす

オートミールは雑炊にして食べる日が多いのですが、ダイエットを長続きさせるために、アレンジレシピも試す日もあります。

3 やせた時は周りにほめてもらう

結果が出たときは、周りに褒めてもらって自己肯定感をUP！ 素直に「変わった私ってどう？」と聞くといいですよ。

4 さぼりがちな時は愛のダメ出しをもらう

モチベが落ちた時、私はゲイバーでママから「ダメ出し」をもらってました。単なる悪口ではなく"愛あるダメ出し"なのがポイント！

5 心が折れそうな時は1日休む

1日運動や食事制限をサボったところで、結果はそんなに変わりません。完全に心が折れてリバウンドする前に、"1日お休み"を。

脳が揺れる！　オートミール炒飯

オートミール雑炊を食べ続けていたが
久しぶりに外食で炒飯を食べたところ
ドッ ドッ ドッ ドッ ドッ ドッ ドッ ドッ ドッ ドッ
脳が揺れるうううう
1か月ぶりの濃い味と油に脳がスパークした
翌日
お笑いライブ
汗でテカる相方がごま油みたい
炒飯で脳をゆらしたくて体が震えてくる
無意識に中華屋さんに来てしまった……
満腹餃子
匂いだけで脳が揺れる
妹ちゃん自分で自分を縛る方法ってある？
このままだと寝ながら炒飯を炒めてしまう……
ぶるぶる
カリカリ
すっかり中毒になっていた……

オートミール
炒飯を作れたら
いいんだけどなぁ
ばーんっ
簡単
腹持ち抜群！
オートミール炒飯
レシピ
って
作れんのかいっ
30グラムのオートミールを
50ミリリットルの水と一緒に
レンジで1分加熱したものを
米の代わりに炒めただけで
できてしまった……
見た目は炒飯だけど
果たして
オートミールに
脳を揺らすほどの
ポテンシャルはあるのか？
めっちゃ脳
揺れる～♥
にこっ
オートミールすごい！
なんでも作れちゃう！
そのうち半導体とかも
オートミールで
作れるんじゃ？って
思うレベル！

大阪に
帰りたーいっっ!
うわぁぁぁんっっ
コロナ禍で
大阪の実家に帰れず
ホームシック発症
大阪が
なつかしいよぉ
しく
しく
大阪の
通天閣
道頓堀
関西弁
グリコ
そして
道ですれ違っただけで
めっちゃ話しかけてくる
知らないおばちゃん
あんた
そんなに肥えてて
ヒザ大丈夫なん?

昼間から泥酔してる歯のないおっちゃん
姉ちゃん、わしな片方の金玉だけを動かすことができるんやで
勝手に地面に土俵をかいて相撲を仕掛けてくる子ども
はっきよーい！
整備不良でサメが出てこなかったUSJジョーズのアトラクション
サメが出ない平和な旅をお届けできて……よかったです！

ピカピカに磨かれた
5円玉が10円で
売られているという
噂の路地
お得やでぇ
10円!
かたよった
変な思い出ばっか
浮かぶけど
大阪が恋しい
大阪に帰って
家族に会って
お好み焼きを
食べたぁい!
ホームシックというより
粉ものシック!
あ゛ぁ
あ゛あ゛ぁ゛あ゛
せめて胃袋だけでも
里帰りしよう!
ダイエット中だから
少しでも糖質を
減らしたいから……
じゃ〜ん!
小麦粉のかわりに
オートミールを入れて
作ってみましたー!

この世に誕生して
親よ手より先に
お好み焼きのヘラを
握る関西人の舌を
満足させられる？
ぱくっ
これは…
めっちゃうまぁぁい！
ふわふわのもちもちや！
ぱあぁぁぁっ
グリコ
まぁ正直
ソースとマヨネーズが
かかってたら
段ボールもおいしく
食べられそうな
私だけど
オートミールお好み焼き
マジでオススメです！

やぎゅう直伝
オートミールアレンジレシピ

お米のような
食感で
大満足の
メニュー

がっつり食べたいときの オートミール炒飯

作り方

1 オートミールと水50mlをレンジで1分半加熱

2 フライパンに胡麻油をひき、Aを炒める

3 火が通ったら1を入れて炒め、中華調味料とニンニクで味を整える

4 お皿に盛りつけ、ネギとのりを散らす

材料

オートミール…………30g

A ノンオイルツナ…………1缶
卵………… 1個
えのき、ニラ、キャベツ、キムチ…………適量（お好みで）
のり…………適量
ネギ…………適量

中華調味料・塩胡椒・ニンニク…………適量

ヘルシーなのにこってり味 オートミールお好み焼き

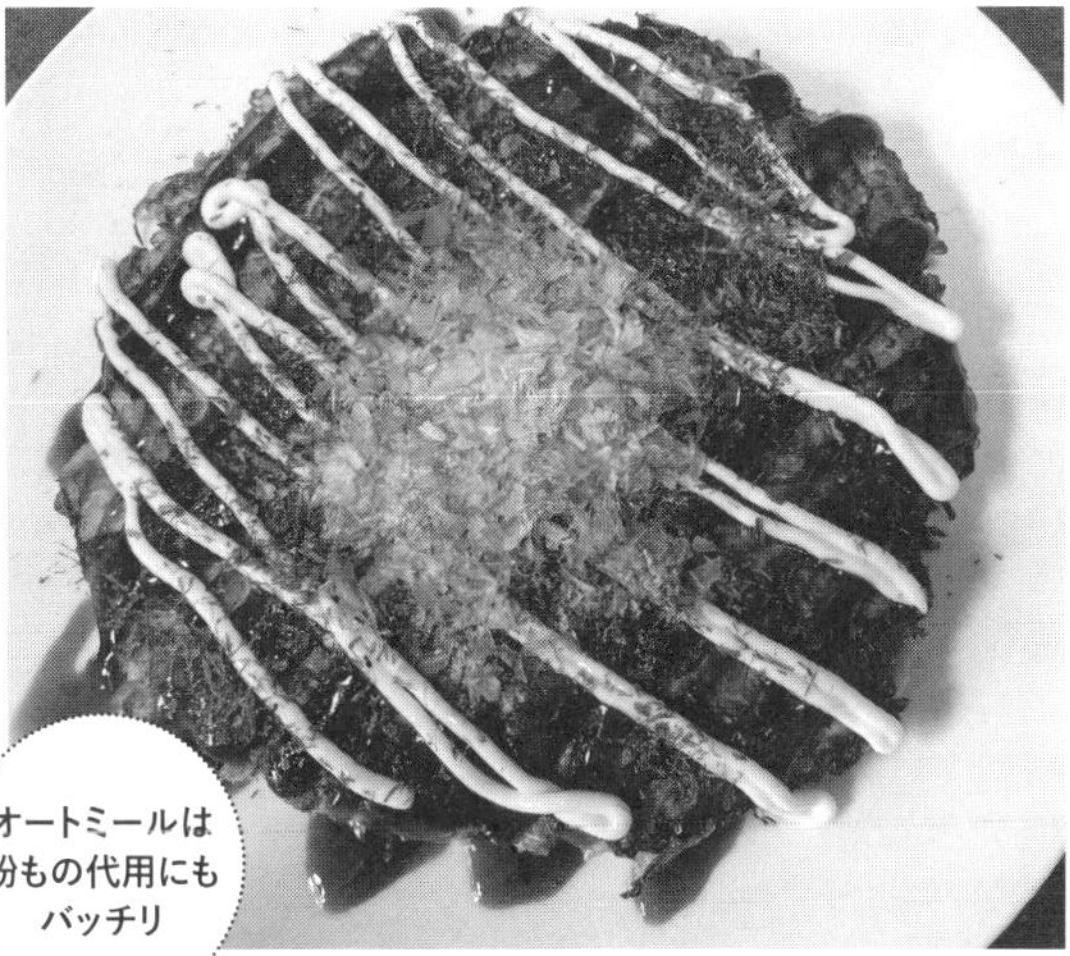

オートミールは粉もの代用にもバッチリ

材料

オートミール…………30g
顆粒和風だし…………小さじ1.5
卵…………1個
千切りキャベツ…………100g
桜エビ…………適量
A｜マヨネーズ、ソース、鰹節、青のり（量はお好みで）

作り方

1 オートミール、水100ml、顆粒和風だしを電子レンジで2分加熱
2 1に卵、キャベツ、桜エビを交ぜる
3 フライパンで火が通るまで焼き、Aをトッピングして完成！

濃厚 オートミールリゾット

材料

オートミール…………30g
お好みのパスタソース
…………100g
チーズ…………30g
バジル………… お好み

作り方

1 オートミールと水50mlをレンジで1分半加熱
2 1にパスタソースを交ぜ、チーズをのせ、レンジで2分半加熱
3 2にバジルを散らす

パスタソースを使って10分で本格リゾット♪

鶏肉ごろごろ! オートミールオムライス

鶏胸肉で
しっかり
たんぱく質も
摂取

材料

オートミール……30g
鶏胸肉……100g　玉ねぎ……¼
卵……1個　ケチャップ……適量
塩・胡椒……適量

作り方

1 オートミールと水50mlをレンジで1分半加熱
2 卵を溶き、フライパンで焼く
3 フライパンにオリーブオイルをひき、1cm角に切った鶏胸肉とみじん切りにした玉ねぎを炒める
4 3に火が通ったら1とケチャップを入れて炒め、最後に塩・胡椒で味を整える
5 皿に盛りつけ上に2をのせ、ケチャップをトッピングする

美容にも◎ 納豆キムチオートミール

材料

オートミール……30g
納豆……1パック
キムチ……適量(お好み)
アボカド……½個
卵黄……1個
刻みのり……適量

作り方

1 オートミールと水50mlをレンジで1分半加熱
2 1の上に納豆・キムチ・細かく切ったアボカドと卵黄を乗せ、きざみのりを散らす

腸が喜ぶ
スペシャル
メニュー

お弁当に! オートミールおにぎり

間食用に
小分けしても
OK

材料

オートミール…………30g
梅干し…………1粒
かつおぶし…………適量(お好み)

作り方

1 オートミールと水50mlをレンジで1分半加熱
2 梅干しと鰹節を交ぜて握る

砂糖なしで甘い オートミールバナナクッキー

材料

オートミール…………30g
熟したバナナ…………50g(約½本)

作り方

1 バナナを潰してオートミールと交ぜる
2 一口サイズずつスプーンですくい、クッキングシートに落とす
3 180°℃のオーブンで25分焼く

材料は
2つだけ!
超簡単おやつ

Part
3

停滞期～脱出期

体重が
落ちない……
120キロから70キロまでは
1か月で5キロずつ
減っていた体重が
70キロになってからは
1か月に1キロしか
減っていない
なぜ…？
もしかして最近
酸素にカロリーが
つきだしたの？
混乱
もうやだ…
体重落ちないのに
ダイエットしたくない
つらい…
ぐすん
ぐすんっ
映画『セブン』の
暴食の人みたいに
スパゲティに
顔をうずめて
死んでしまいたい

心が折れかけていたとき
60キロから
50キロの体に
ダイエットをした
女芸人のきったんから
救いの手が！
カロリー制限で
飢餓状態になり
エネルギー消費を
抑えた体には
チートデーですよ！
1週間に一日
めっちゃ食べることで
体に飢餓状態じゃない
ことを知らせて
エネルギーを消費させる
停滞期を
抜け出せるんです！
なにその
脱法ダイエット
みたいなやつ！
朝から晩まで
食べまくってやせる
それがチートデーです
そんなうまい話ある？
私、今マルチの勧誘
受けてたりする？
でも結構すぐに
お腹いっぱいに
なったり
気持ち悪く
なったりで
意外と
食べられないです
なるほど

いざ
チートデー！
芸人仲間の岩村ちゃんと
しゃぶしゃぶ食べ放題
ぱくぱく
ぱく
ずずー
ずー
もぐもぐ
もぐ
もぐ
…あれ？ おかしいな
全然食べられてしまう
むしろ前より
たくさん食べられるぞ？

私はもう無理です…
うぷっ…
うどん10人前を完食できる岩村ちゃんのほうが先にギブアップ!?
なぜこんなに食べることができてしまうの?
もしかして今まで胃を圧迫していた脂肪がなくなった分
胃がどこまでも膨らんでたくさん食べることができてしまうのでは!?
脂肪
ぎゅう
脂肪
ぎゅう
自由だぁぁぁ!!
太っていたせいで逆に抑えられていた食欲!!
今の私の胃袋は脂肪という拘束具が外されたエヴァ状態!?
おかぁぁぁ
わり!
止められない暴食モード!

チートデーを月に2回繰り返していたら
ぜ…全然やせない…

チートデーで爆上がりした体重を落としたところで次のチートデーが来てプラマイゼロの状態だ…

やり方を間違ってるのかな?

チートデーはやせてから! 体脂肪率が25%以上の人はおすすめしません!

あ…

私の体脂肪率39%…

ただただ暴食してたってことですか…

停滞期は抜け出せるのか!

ついにやってきたダイエット停滞期

70キロから思うように体重が落ちずストレスはMAXに
イラ
イラ
イラ
絶対私が寝ている間に誰かが口に生クリームを流し込んでるんや……
昨日は65・9キロ……あんまり食べなかったから減ってるやろ……
そろり‥
66.4
なんでやねん!?
体重の増減に一喜一憂して体重計を威嚇する日々

妹ちゃん……
全然やせないんやけどさぁ……
いもうと
知り合いに霊能力者いたら紹介して？
げっそり…
なんでなん!?
今まで通りにダイエット頑張ってるのにやせへんの……もう呪われてるとしか思えない
いや、今まで通りやからやん
えっ？
70キロになったのに120キロのときと同じ運動量と食事やとそりゃあ体重が減るペースも落ちるよ
た……確かに……
はっ
アホなん？
追いつめられていて当たり前の事実に気がつかなかった

40分の有酸素運動後のしんどさも全然違うもんな
120キロ
ひふーっひふーっもう歩けない……

体をタクシーに改造してほしい……

70キロ
あと5分ウォーキングできるかも
まっやらんけど！

オートミール30グラムを野菜や鶏胸肉でカサ増しして1キロを超える雑炊にしているのももしかして食べすぎなのかも？

朝と夜で2キロぐらい体重が違うし……

へんに自己流でやらないでプロの人にアドバイスをもらってやったほうがいいんじゃない？

私に必要なのは霊能力者じゃなくてパーソナルトレーナー……‼

ごくり…

小ブタちゃん‼

ここはBBQ会場じゃないぞ‼

パーソナルトレーニングでダイエット指導を受けることに！

ジム当日
桃栗三年
柿八年
その上腕二頭筋
一体何年!?
ダイエットの停滞期……
なるほど!
腹筋で京都の地図書いてるんかい!
マースルッ
圧倒的筋肉を前にして私の全身の脂肪がおびえて震えている…
こ、怖い…
筋トレはまったくしていない、と……
はい…髪の毛しっかり洗っただけで腕が筋肉痛になるレベルで筋肉がないです
びく
びく
60キロ近くも有酸素運動だけでやせたなんてすごいですね!
にこっ
はわ〜〜
筋肉笑顔《マッスルスマイル》大好き!
戸愚呂兄弟みたいに肩に乗ってデートしたい!

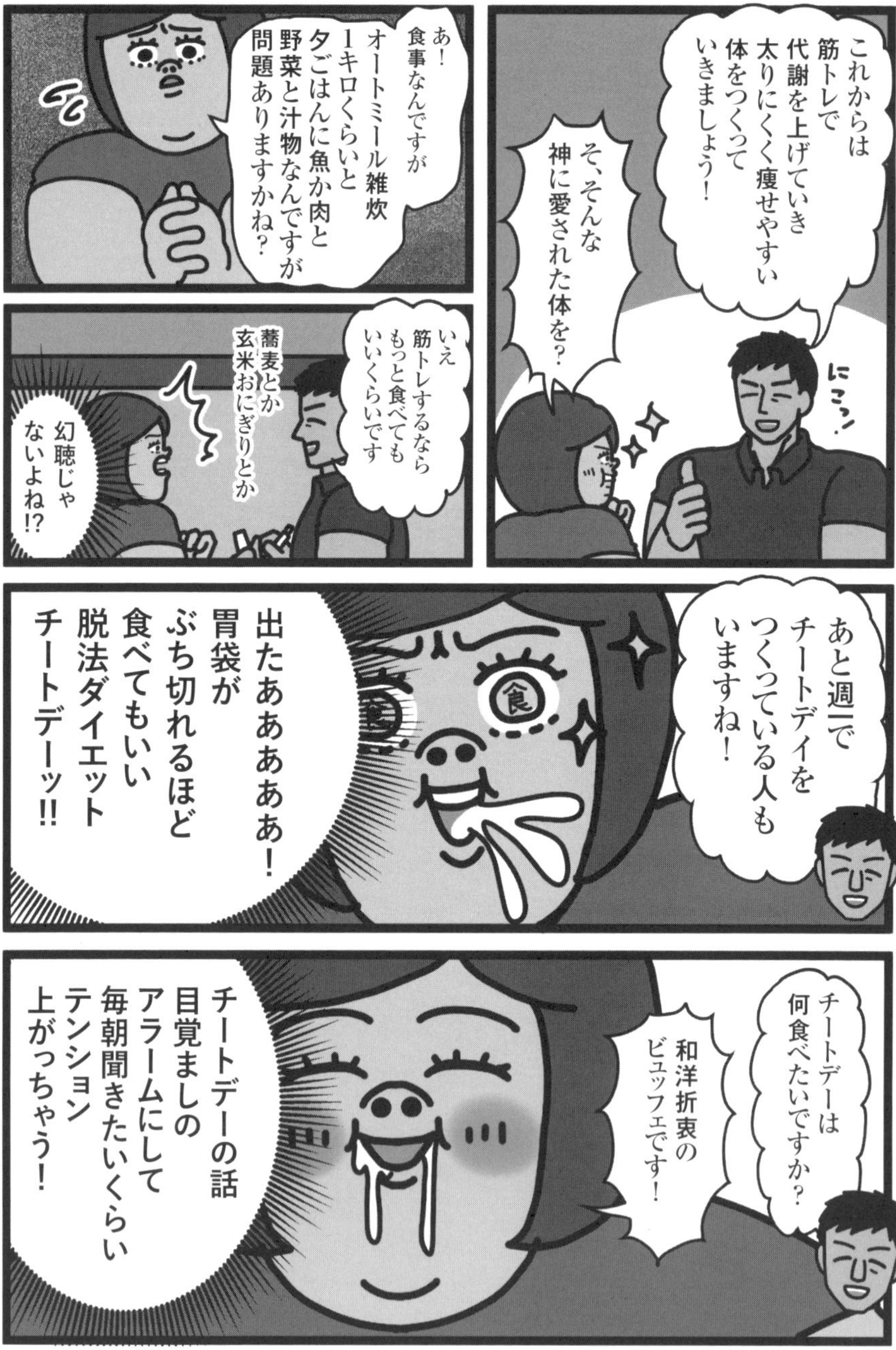
これからは筋トレで代謝を上げていき太りにくく痩せやすい体をつくっていきましょう!

そ、そんな神に愛された体を?

にこっ!

あ!食事なんですがオートミール雑炊1キロくらいと夕ごはんに魚か肉と野菜と汁物なんですが問題ありますかね?

いえ筋トレするならもっと食べてもいいくらいです
蕎麦とか玄米おにぎりとか
幻聴じゃないよね!?

あと週一でチートデイをつくっている人もいますね!

出たあああああ!胃袋がぶち切れるほど食べてもいい脱法ダイエットチートデーッ!!

チートデーは何食べたいですか?

和洋折衷のビュッフェです!

チートデーの話目覚ましのアラームにして毎朝聞きたいくらいテンション上がっちゃう!

それじゃあ筋トレを始めましょう!
はい!
いーち
にー
さん、しー
ごー
し……しんどい……
これが本物の筋トレ…
2リットルのコーラをラッパ飲みにするときにしか使ってなかった腕の筋肉が断末魔を上げている…
ギブアップって言いたい…!
いっそのこと殺して楽にしてくれって懇願してしまいそう…
ふひーっ
ふひぃーっ

終了です！
お疲れさまでした
死ーーー
筋トレ
どうでした？
ひぃ…
ひぃ…
私…今…
生きてますか…？
生きてますよ！
ガタ
ガタ
筋肉ないって
言ってましたけど
最初でこれだけ
頑張れたら
すごいですよ！
優しい〜！
ときめく〜！
私のこと
バランスボール
としてでいいから
そばに置いて
ほしい！
にこっ

後日
セルフジムにて
トレーナーさんに教えてもらった筋トレを試してみようっと！
えーっとまずは…
週1回チートデーをつくって思いっきりたべたほうがいいですよ！
……
……
ご褒美にもなってモチベも上がりますし
僕もケーキとか食べちゃいます！
ぽわわ〜ん
あまりの辛い記憶に脳が自己防衛のためか
？
？
筋トレの記憶を抹消してチートデーの話しか覚えてなかった……

ダイエットの停滞期中モチベーションがだだ下がりしていた
ダイエットやめようかな
思い通りにやせないし
妹と電話中
50キロやせても恋人も友達もできないしお金もないし
健康だけ手に入れて孤独にひもじく長生きするってある意味苦行なのでは?
めちゃくちゃナーバスやん!
長生きできる分恋人や友達ができたりお金を稼げるチャンスも増えるってことやで!
「日光さる軍団」のお猿さんのほうが私より人間社会にとけこめてると思う
も〜っ
久しぶりに大阪の実家に帰っておいでよ

大阪
かつ
たこやき
妹が来ない…
お姉ちゃん！めっちゃすごいやん！
やせすぎて誰かわからんかった！
ほめられた!?
動物園のカバなみの食べっぷりってことくらいしか褒められたことないから…褒められるのがこんなに気持ちいいって知らなかった!!
ドッ
ドッ
ドッ
脳汁《アドレナリン》が半端ないっっ！
母方の叔母
えらいなぁめっちゃやせたやん
いいよいいよ！脳内麻薬が分泌されてるよ！
ぞくぞく
ぞくぞく
父方の叔母
すごいねーきれいになったやん
もっとや…もっとキツめのほめ言葉をくれ…
ぐら
ぐら

遠い親戚
ガリガリやん うらやましいわぁ
大丈夫ー!? 鼻血出てるよ!
脳への負荷デカすぎて死んでまうわ♥
ほめられたさに血が繋がっているのかさえわからない親戚にも顔を見せに行ってしまった
帰りは飛行機を予約した
カチャッ
シートベルトがすんなり締まった!

120キロのときはベルトが届かなくて客室乗務員さんに「付け足しのベルトをお願いします」って頼まないといけないかったのに！

あの恥ずかしさをもう味わわなくてもいいんだ！

痩せて良かったーー!!

人生バラ色♥

食べすぎてめっちゃ太った！

65キロになってたけど病むわぁ
やっば！ウケる！

…そっかぁ120キロから70キロに痩せて調子こいてたけど世間一般では70キロはまだ太ってるんだなぁ…

ある意味モチベーションを取り戻せた

つらい停滞期は
これまでのダイエットを
見直すタイミング

ダイエットの難関、停滞期！なかなか体重が落ちない時はどうするべき？
食事内容と運動の見直しかたを日比野先生に聞いてみました。

オートミールや有酸素運動を取り入れたことで、体重は順調に落ちていったのですが、ダイエット開始して1年後、70kgになったあたりから減量スピードが落ちてきたんです。これが噂の「停滞期」なのでしょうか。

そうですね。体重が減り続けたら、体が「これ以上、体重が減ったら危険！」と反応して、エネルギーを消費しにくくしたり、脂肪の貯蓄モードに入ったりします。やぎゅうさんの体も同じような現象が起きていたのかもしれませんね。停滞期については、科学的に解明しきれていないこともあると言われていますが、体の防衛本能的なものが働いていると思ってよいでしょう。

もしも停滞期に陥ったらどうすればよいでしょう？

停滞期は、それまでの運動や食事内容を見直す時期と捉えてみてください。それまでずっと有酸素運動ばかりしていたら、筋トレを取り入れるなど、新しい刺激や負荷を加えてみるのもオススメです。

私も停滞期に突入したとき、トレーナーさんの指導を受けて筋トレを始めました。実はこれ、理に適っていたんですね！

ある程度、体重が減った段階で筋トレを取り入れるのもいいですね。減量をすると脂肪と一緒に筋肉量が減ることもあるので、運動の負荷を加えて筋肉量を増やしてあげるのは理想的です。専門の知識を備えた理学療法士などのトレーナーさんと筋トレを行うことで、どの動きが体のどの筋肉を刺激していくのか、きちんと意識できますよね。

自己流の筋トレでは体を痛めてしまいましたが、トレーナーさんに指導してもらいながら筋トレを続けた結果、5か月後にはちょっと顔がシュッとしたなと感じたり、見た目にも変化が出てきました。あとは体脂肪率も落ちましたね。一般的に筋トレは、どの程度体重が減った段階で開始すればいいのでしょうか？

気にするべきは、体重よりもボディライン。あくまでひとつの目安ですが、11～9号サイズの洋服が入るぐらいの段階までは、やぎゅうさんのようにウォーキングなどの有酸素運動で、脂肪を燃焼させていってもよいと思われます。

ダイエットを継続させる上で、停滞期の過ごし方はとても大切なんですね。今、体重は59キロ台まで落ちていって、多少の増減はありますが一旦ダイエットは終了しています。たまに外食もしているのですが、体重をキープするために何か心がけるべきことはあるのでしょうか。

まず気をつけるべきは、脂ですね。質の悪い脂を多く摂りすぎると体が酸化しやすくなるので要注意です。代表的なものでいえば、パンやお菓子に用いられているマーガリンやショートニング、人工的な植物油脂に含まれる「トランス脂肪酸」です。これは脂質の構成成分である脂肪酸の一種で過剰に摂取すると、心筋梗塞などの冠動脈疾患を増加させる可能性が高いと指摘されています。しっかりパッケージの成分表を見て買い物をするといいですね。

脂は極力控えたほうがいいですか？

完全に脂を抜くのは、オススメできません。良質な脂を適度に摂ることで女性ホルモンを活性化させ、美肌効果や体質の向上も期待できるんです。なかでも私たちの体内では作ることのできない「必須脂肪酸」のひとつオメガ3は積極的に摂りたいところ。私は、オメガ3が豊富なエゴマ油や亜麻仁油をドレッシングでいただいています。これらは熱に弱く酸化しやすい特性を持っているので、加熱調理には適していないので注意してくださいね。

一口に脂といっても、さまざまなんですね。

そうですね。時間に関していえば、就寝時刻の2時間前には、食事を済ませておくのもポイントです。私も会食など遅い時間に食べてしまったら、夜中に部屋を掃除し出すこともあります（笑）。

「食べてすぐ寝ない」は鉄則ですね。私は結構やっちゃうんですよね〜。

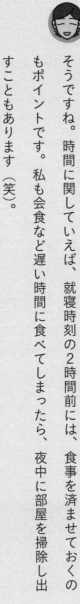

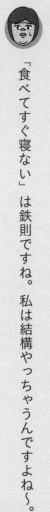

昼食後すぐ眠たくなるようは方は、普段の睡眠の質や睡眠時間も心がけたいですね。睡眠時間が短くなると、食欲抑制ホルモンの「レプチン」の分泌が低下して、反対に食欲を増進させる「グレリン」の分泌が増えるんです。

寝不足でも太りやすい体質になってしまうんですね！

はい。あとは、夜の就寝時にベッドに入りながら寝る直前までスマホをいじって寝落ちするという人も少なくありませんが、実はこれも要注意。スマホのブルーライトの刺激で脳が日中であると判断して、睡眠ホルモン「メラトニン」の分泌がなかなか始まらなくなってしまうんです。

それ、結構やっちゃいます…。

睡眠は質が重要なので、寝る前のスマホは手放すように意識したほうがいいですね。私も寝る2時間前にスマホは手離しています。忙しくて3〜4時間しか睡眠時間を確保できないときでも、なるべく熟睡できるように工夫しています。アロマの精油を枕元に垂らすのもおすすめですよ。オレンジネロリはアンチエイジングにも効果的ですし、グレープフルーツの香りは代謝アップ効果も期待できると言われています。

私も自分なりのリラックス方法を見つけよう！　ダイエットは一旦終了しましたが、今の体型をキープするためにも、健康のためにも食事内容や睡眠の質など、無理のない範囲で気をつけていきたいです！

ダイエットが終わっても継続したほうがいいこと

60kg台でダイエットは一旦終了。
スタイルキープのために継続&
習慣化するべきことをお伝えします!

1 普段から良質な脂をとる

マーガリンやショートニングに含まれる「トランス脂肪酸」には要注意。美容に悪いだけでなく、冠動脈疾患のリスクも高まります。

2 可能ならプロの指導のもとで筋トレを

脂肪を脱ぎ捨てたあとは、体のどこをボディメイクするか考えるタイミングです。筋トレはケガのないようプロの指導を仰ぐのが◎。

3 睡眠不足はNG 質のよい睡眠を

睡眠不足は、食欲を増進させる「グレリン」の分泌を増やします。特に寝る前のスマホはNG! 質の良い睡眠を意識しましょう。

4 多少の体重の増減に一喜一憂しない

ある程度やせたら体重よりもボディラインが大事! 体重の増減を気にしすぎてストレスがたまると、リバウンドの原因にも。

筋トレを始めてから
体重がまた落ちだしてきた
前よりしっかり食べてるのに！
筋トレを始めて1日3食に増やしたりたんぱく質を多く摂ることにより飢えを感じることが減り
チートデーのときに無茶な食べ方をしなくなった
生理前に体重が落ちにくいのは
水分を取り込みやすくなっているだけで生理が終わると減りますよ
トレーナーさんから体の仕組みやホルモンのことを教えてもらうことで
いっときの体重増減に振り回されることなくペースを乱されずにダイエットを続けられた

体重は増えてますが体脂肪が減って筋肉が増えているので体は引きしまってますよ
体重計の数字にそこまでこだわらなくなりやせるというより健康できれいな体づくりにシフトチェンジ
筋トレでストレスも発散できて考えもポジティブになってきた
恋愛観も少し変わってきた
彼氏ができたら守られたいって思ってたけど
今は彼氏を守ってあげたい
というか筋肉があれば一人で生きていけるように思えてきた……！
この筋肉《からだ》はモテるためのものではなくかっこいい自分になるためのもの!!

そしてついに
60.1kg
ダイエットを始めてから1年半で
60キロやせました!!

痩せてよかったこと!!

ウィンドウショッピングで可愛いと思った服が着れるようになりおしゃれを楽しめるようになった!

このネックレスコーデ可愛い……!

てか、私、首あったんや――!

三重あごでネックレスが隠れていた昔
バランスの良い食事と良質な睡眠と適度な運動のおかげでいろいろなスキンケアをためしても荒野だった肌の調子が良くなった!

目の下のくまや鼻の黒ずみも目立たなくなって化粧のりがいい!!

そして何より
待って……
ば〜んっっ
私、可愛いんじゃない!?
可愛い服着て
可愛いメイクして
幸せいっぱい
笑えてる私って
すごく
可愛いでしょ!!
今の私って
最高やん……
自分に自信を
持てるようになった

自分に自信がなくて
人の目を
気にしてばかりで
人と接することが
怖かった私だけど
笑顔とか
可愛くないし
不快な思いを
させるかも……
暑苦しいって
思われてるかも……
目を合わせたら
気持ち悪いって
思われてるかも……
他人がどう思おうが
私は私が最高だと
思っているので!!
という気持ちでいると
人と接する
恐怖が
なくなった
体が軽くなり
体力もつくと
動くことが
楽しくなり
アウトドアなど
今まで
できなかったことに
挑戦したりと
毎日が楽しい
時間が
足りない……
150歳まで
生きたい～

今の自分のこと
すごく
好きだなぁ
にこ
にこ
人に愛されたいって
思ってたけど
本当はずっと
自分で自分を愛して
あげたかったんだなーー
自分で自分を
愛してあげられる
ようになったら
なんと私のことを
素敵だと
思ってくれる人も
あらわれた!
いつも笑顔が
ステキですね
ひえっ
ダイエットを通して
変わったのは
外見よりも内面で
内面の変化こそが
大事だったことに
気づけました!!
アラフィフになっても
アラカンになっても
自分が好きな
自分でいられるように
生きよう!!

やせること、見た目が変わることより大切なダイエット得た教訓

ここまで読んでくださってありがとうございます！　なかには、ぽっちゃり体形をどうにかしたいと思い、本書を手に取ってくれた方もいるかもしれませんね。でも、最後の最後に私が声を大にして言いたいのは、「太ってても、ええやん！」ということ。私のように健康を害することがなければ無理してやせることはない。今はプラスサイズの洋服も可愛いブランドもたくさんあるし、人生を楽しんでいるぽっちゃりさんも大勢います。

それでも、どうしてもやせたいと思っている人がいるとしたら、「努力して変われた」という体験は自分の揺るぎない自信になる。そしてそんな努力した自分のことを、もっと好きになれるとも伝えたいんです。

私は、ぽっちゃりしていた自分も可愛くて好きでした。でもそれ以上に筋肉がついた今の体も

かっこよくて、もっと好きになったんです。これまでは歩くのがイヤで、歩いて2分のコンビニも自転車で移動をしていましたが、今では2駅ぐらいなら歩くのも余裕です。スポーツや山登りにも挑戦してみたいとも思っています。夜もぐっすり眠れて、生理不順も解消されました。最近ではトレーナーさんの指導の下、筋トレを本格化してなんと60キロあるバーベルを持ち上げられるようになったんです。

コロナ禍の自粛生活では寂しくて孤独で、二言目には「彼氏が欲しい！」と言っていました。でもそれって「支えてくれる人が欲しい」と依存先を探していたんですよね。趣味も増えた今、「一人でいろいろと楽しめるんだったら、一人でもいいや」とすら思えるようになりました。この変化は自分でも驚きです。今の夢は「強くなること」。ダイエット成功後、意外とあっさり恋愛への執着が薄れました。それよりも、一人でもしっかりと生きていける体をつくりたいし、好きな人を守れるように強くなりたいなあと思っています。

「デブはイジっていい」という時代はもう終わりました。ぽっちゃりさんも、そうでない人も、みんなが笑ってくれるように、芸人としても挑戦したいことはたくさんあります。まだまだ書きたいことはありますが、ページも尽きてきました。またどこかでお会いしましょう！

著者　やぎゅう

1985年生まれ。サンミュージック所属のお笑い芸人。過去に『エンタの神様』『とんねるずのみなさんのおかげでした』に出演。かつては108キロの豊満ボディを武器にした笑いで活躍していたが、コロナ禍で120キロに増量したことをきっかけに、ダイエットを決意。イラストを得意とし、日々のダイエットを記録したTwitterが話題に。2020年から週刊SPA!の女性向けウェブメディア「女子SPA!」にて、恋愛＆ダイエットマンガ「孤独のコロナ」を連載中。

監修　日比野佐和子

医療法人社団康梓会Y's サイエンスクリニック広尾統括院長、大阪大学大学院医学系研究科臨床遺伝子治療学 特任准教授、近畿大学医学部奈良病院皮膚科非常勤医師、国立研究開発法人理化学研究所生命機能科学研究センター器官誘導研究チーム客員研究員。内科医、皮膚科医、眼科医、日本抗加齢医学会専門医。同志社大学アンチエイジングリサーチセンター講師、森ノ宮医療大学保健医療学部准教授、(財)ルイ・パストゥール医学研究センター基礎研究部アンチエイジング医科学研究室室長などを歴任。現在はアンチエイジング医療における第一人者的な立場として、幅広く国際的に活躍。

コミックエッセイ
60kgやせたら 人生《じんせい》が爆上《ばくあ》がりしました
1年半《ねんはん》で成功《せいこう》した㊙ダイエット術《じゅつ》とは？

発行日2023年2月14日　初版第1刷発行

著者　やぎゅう
発行者　小池英彦
発行所　株式会社扶桑社
〒105－8070
東京都港区芝浦1-1-1 浜松町ビルディング
電話 03-6368-8875（編集）
03-6368-8891（郵便室）
www.fusosha.co.jp

印刷・製本　大日本印刷株式会社

装丁　サカヨリトモヒコ
撮影　星 亘（扶桑社）
編集協力　森谷由貴子
編集　松原麻依
Special Thank　family, friend & oatmeal

ISBN：978-4-594-09423-2